Mama, jetzt verstehe ich was du fühlst

Multiple Sklerose verstehen – Geschichten, Erklärungen und spannende Experimente für Kinder

ab 5 Jahren

Deutscher Medizin Verlag
Münster 2019

Dr. Katharina Leeners, Lisa Pawlowski
Mama, jetzt verstehe ich, was du fühlst
Multiple Sklerose verstehen – Geschichten, Erklärungen und spannende Experimente für Kinder

Grafik und Layout
promedici – Agentur für Gesundheitskommunikation
LEENERS Gesundheit & Kommunikation GmbH, Münster
www.promedici.de, E-Mail: info@promedici.de
Illustrationen: Helena Leeners

dmv
Deutscher Medizin Verlag
Münster (Westfalen): dmv 2019
www.dmv-direkt.de; E-Mail: info@dmv-direkt.de
ISBN 978-3-936525-83-0

Herausgeber

Mit freundlicher Unterstützung

Printed in Germany

Inhaltsverzeichnis

Multiple Sklerose:
Was ist eigentlich MS? 8

Nervensystem:
Wo sind in unserem Körper sonst noch Nerven? 12

Müdigkeit:
Warum bist du eigentlich immer so müde? 16

Sehstörungen:
Wie sehe ich die Welt, wenn ich du wäre? 18

Muskelsteifigkeit / Muskelschwäche:
Wieso gehst du eigentlich manchmal so langsam? 26

Koordination und Gleichgewicht:
Wieso zitterst du eigentlich manchmal? 30

Missempfindungen / Sensibilitätsstörungen:
Wieso kannst du das nicht fühlen? 36

Sprechstörungen:
Wieso sprichst du manchmal so langsam? 44

Denken / Kombinieren / Planen:
Sollen wir heute wieder Memory spielen? 48

Abschlussgeschichte:
MS ist eine Krankheit mit vielen Gesichtern 52

Vorwort

Multiple Sklerose ist eine Erkrankung, die gute und schlechte Tage kennt. Sichtbare und unsichtbare Symptome können bei den Erkrankten zu einer deutlichen Beeinträchtigung im Alltag führen. Damit betrifft die Erkrankung nicht nur den Erkrankten selbst, sondern sein gesamtes soziales und familiäres Umfeld.

Auch wenn Multiple Sklerose nicht heilbar ist, so sind die Behandlungsmöglichkeiten viel besser geworden. Mehr Frauen und Männer mit Multipler Sklerose sind in der Lage ihre Elternrolle auszufüllen und erfreulicherweise entscheiden sich auch immer mehr MS-Betroffene bewusst für Kinder. Für die junge Familie ist dann wichtig, dass alle gemeinsam einen Weg finden, mit MS gut zu leben.

Kinder haben oft sehr feine Antennen. Sie spüren meist früh, wenn etwas in der Familie nicht stimmt. Manchmal deuten Kinder es vielleicht falsch, wenn Sie plötzlich keine Kraft haben, etwas mit ihnen zu unternehmen, schlecht gelaunt sind oder unsicher gehen. Kinder machen sich Sorgen und haben Ängste. Deshalb empfiehlt sich schon bald nach der Diagnose ein offener Umgang mit der Erkrankung und ein Gespräch über Sorgen, Ängste aber auch die Symptome der MS.

Eltern müssen zunächst die schwere Aufgabe übernehmen, die Kinder darüber aufzuklären, dass ein Elternteil an MS erkrankt ist. Wieso? Weshalb? Warum? ... Kinder stellen viele Fragen. „Was ist eigentlich MS? Wie sehe ich die Welt, wenn ich du wäre? Wieso kannst du das nicht fühlen? Ist MS heilbar?“ Kinder von MS-Betroffenen müssen vielleicht lernen, mit einer Mutter oder einem Vater zu leben, die oder der die gängigen Rollenerwartungen nicht immer erfüllen kann.

Kindern altersgerecht und verständlich zu erklären, was MS ist und wie es sich anfühlt, an MS erkrankt zu sein, ist eine Herausforderung. Am besten versteht man das, was man selbst erlebt hat. Das vorliegende Buch „Mama, jetzt verstehe ich, was du fühlst", versucht Sie damit bei der Aufklärung Ihrer Kinder zu unterstützen.

Ob bei den Kleinsten, durch eine einfache Geschichte aus dem Alltag mit MS oder bei den Großen, durch verständliche Erklärungen des Professors und anregende Experimente – so können Kinder unterschiedlichsten Alters die MS und ihre Symptome erleben und verstehen.

Mit einfachen Hilfsmitteln und Techniken erfahren sie am eigenen Körper, wie sich so manches MS-Symptom anfühlt. Das sorgt gleichzeitig für mehr Verständnis und kann dazu führen, dass sich Kinder und Eltern näherkommen. Denn nur im Austausch miteinander wird man gemeinsam stärker und kann zusammen eine gute Art der Krankheitsverarbeitung finden.

Es ist immer wieder erstaunlich, wie einfühlsam selbst junge Kinder mit an MS erkrankten Eltern umgehen, wenn sie die Erkrankung verstehen.

Ich wünsche diesem kundig, kindgerecht und einfühlsam geschriebenen Buch die ihm gebührende, weite Verbreitung.

Dr. med. Dieter Pöhlau

Vorsitzender des DMSG-Landesverband
NRW e.V.

Hallo Du...

Emma

Mama

ich bin Emma. Ich bin 7 Jahre alt. Mein liebstes Hobby ist Malen. Mit meinen Freunden Lisa und Paul spiele ich aber auch gerne Fußball oder Fangen. Meine Lieblingsfarbe ist rot und meine Augenfarbe ist grün.

Am liebsten mag ich es, gemeinsam mit Mama tolle Sachen zu machen. Basteln oder einen leckeren Kuchen backen. In letzter Zeit ist mir aufgefallen, dass Mama oft sehr müde ist. Dann möchte sie nichts mit mir unternehmen oder ist sehr langsam.

Mama sagt, eine Krankheit namens MS macht sie manchmal sehr müde. Ich weiß nicht, was MS ist und verstehe nicht, wie es sich anfühlt, wenn man MS hat.

Professor Max erklärt mir deshalb, was bei MS im Körper passiert. Mama macht mit mir einige Experimente, damit ich sie besser verstehen kann.

Hallo Du...

ich bin Professor Max. Ich bin 65 Jahre alt. Von Beruf bin ich Neurologe, ein Arzt, der sich besonders gut mit dem Nervensystem des Menschen auskennt. Ich kümmere mich um Menschen mit MS.

Professor Max

MS ist die Abkürzung für Multiple Sklerose. Bei MS ist das Nervensystem des Menschen erkrankt. Dadurch werden die Nerven im Körper bei ihrer Arbeit gestört. MS ist nicht heilbar. Ich kann aber dafür sorgen, dass es Menschen mit MS besser geht.

Vielleicht kennst du dich ja schon etwas mit MS aus? Wenn nicht, dann wirst du von mir einiges in diesem Buch über die Nerven und MS erfahren. Du lernst spannende Dinge über den menschlichen Körper und kannst in Experimenten selbst erleben, wie sich MS anfühlt.

Die Experimente erkennst du an diesem Symbol.

Für einige Experimente brauchst du eine helfende Hand. Vielleicht hilft dir jemand aus deiner Familie oder ein Freund?

Multiple Sklerose

Was ist eigentlich MS?

Emma weiß, dass Mama eine Krankheit hat, die MS heißt. Aber Emma versteht nicht, was MS ist. Sie fragt nach.

Mama erklärt ihr, dass unser ganzer Körper von Nerven durchzogen ist. Von den Zehen und den Fingern über den Rücken bis hin zu den Augen und dem Gehirn. So kann der ganze Körper „miteinander sprechen". Das Auge mit der Hand, das Ohr mit den Zehen oder die Haut mit dem Gehirn. Es werden z. B. sanfte Berührungen aufgenommen oder Aufgaben wie „etwas greifen" weitergeleitet und erledigt.

Nerven funktionieren wie ein Kabel, das Strom leitet und z. B. Handy und Kopfhörer miteinander verbindet. Ist der Schutzmantel eines Kabels kaputt, kann der Strom nicht so gut weitergeleitet werden. Durch die MS-Krankheit wird der Schutzmantel der Nerven löchrig. Darum können Menschen, die an MS erkrankt sind, manchmal z. B. nicht so gut sehen, sprechen oder gehen.

Und warum passiert das mit den Nerven?

Emma und Mama überlegen gemeinsam (Erklärung nächste Seite).

Nervenzelle und Informationsweiterleitung

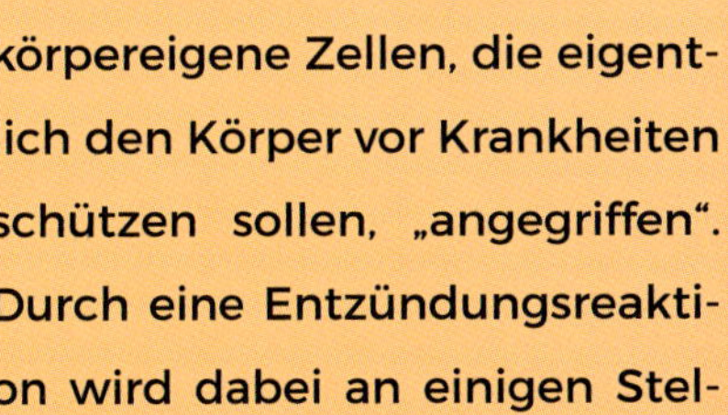

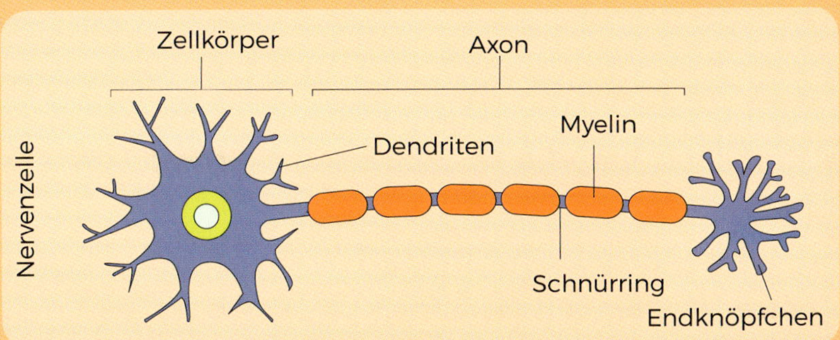

Bei Menschen mit MS werden die Nervenzellen durch körpereigene Zellen, die eigentlich den Körper vor Krankheiten schützen sollen, „angegriffen". Durch eine Entzündungsreaktion wird dabei an einigen Stellen das Myelin zerstört – zumindest teilweise. MS gehört daher auch zu den sogenannten Autoimmunkrankheiten.

Der ganze Körper des Menschen ist über Nervenzellen miteinander vernetzt. So werden Informationen, z. B. das was wir sehen, über Zellkörper und Axon zu den sogenannten Endknöpfchen weitergeleitet. Von dort aus gelangen sie zur nächten Nervenzelle bis hin zum Gehirn. Im Gehirn kann die Information verarbeitet werden und z. B. eine Reaktion wie „greifen" auslösen. Auch dieser Befehl muss erst einmal vom Gehirn über die Nervenzellen an die betreffenden Muskeln gesendet werden. So funktionieren alle Abläufe in unserem Körper.

Die Axone werden wie ein Stromkabel von einer schützenden Hülle, dem sogenannten Myelin, umgeben. Das Myelin wird in regelmäßigen Abständen unterbrochen. Die Aussparungen heißen Schnürringe. Sie sorgen dafür, dass die Informationen „elektrisch" schnell von Schnürring zu Schnürring springen.

Wenn die MS aktiv ist, d. h. Myelin ist akut entzündet, spricht man von einem MS-Schub. Die Informationen vom Gehirn an den Körper und umgekehrt werden dann langsamer oder gar nicht mehr weitergeleitet. Deshalb haben Menschen mit MS besonders während eines MS-Schubes verschiedene körperliche Probleme, sogenannte „MS-Symptome".

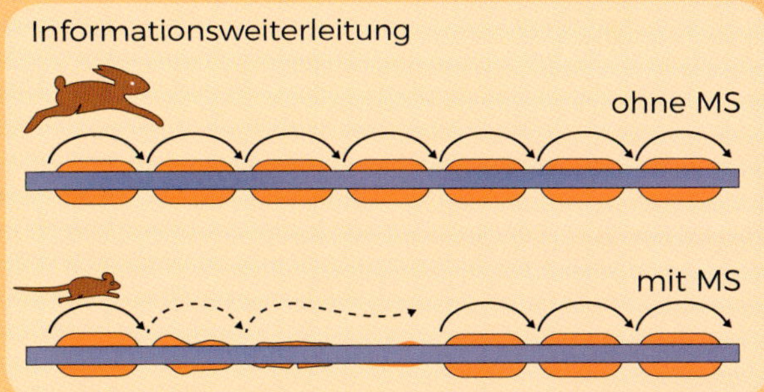

Das Zitronenexperiment

Du brauchst:

- 1 Zitrone
- 1 Eisennagel oder ein 5-Cent-Stück
- 1 Büroklammer
- 2 kurze Drahtstücke
- 1 Kopfhörer

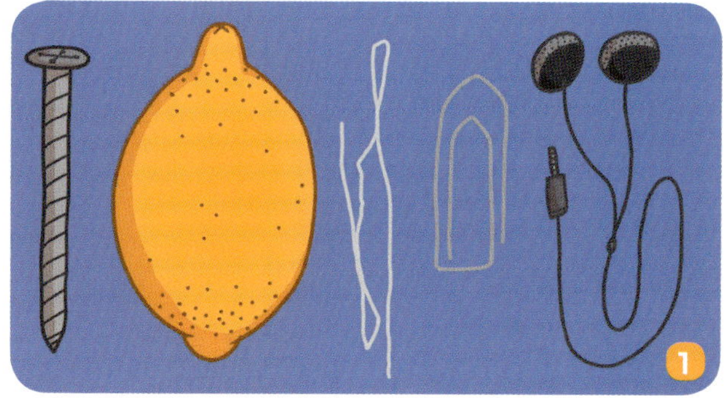

Und so geht's: Stecke zunächst in ein Ende der Zitrone den Eisennagel. Wenn du keinen Eisennagel hast, dann nimm ein 5-Cent-Stück und schneide mit einem Messer einen kleinen Schlitz in die Zitrone, so dass das 5-Cent-Stück dort hineinpasst. Lass dir dabei von einem Erwachsenen helfen.

Die Büroklammer biegst du etwas auseinander und steckst sie in das andere Ende der Zitrone. Nun wickelst du ein Drahtstück um den Eisennagel und das andere Drahtstück um die Büroklammer.

Verbinde nun die beiden Ende des Drahtstücks mit dem Ende deines Kopfhörers. Nimm dir deine Kopfhörer zur Hand und stecke sie dir in die Ohren. Und kannst du etwas hören? Wenn du alles richtig gemacht hast, dann kannst du ein Knack-Geräusch hören.

Sollte es nicht knacken...

Dann muss irgendwo ein kleiner Fehler sein. Kannst du ihn finden? Stehen die Drahtstücke nicht mit der Büroklammer und dem Nagel in Verbindung, dann funktioniert die Weiterleitung des Impulses nicht. Genauso ist es auch bei der MS. Die löchrigen Nervenhüllen stören eine Weiterleitung der Signale. Dann kann Emmas Mama z. B. nicht so gut sehen.

Warum knackt die Zitrone...

... wenn man sie mit einem Eisennagel, einer Büroklammer und etwas Draht verbindet?

Die Zitrone ist nicht nur sauer, sondern kann auch Strom erzeugen. Dadurch, dass im Inneren ein chemischer Prozess stattfindet, kann dieser mit Hilfe des Eisennagels und der Büroklammer hörbar gemacht werden. Ähnlich funktioniert das Prinzip in deinem Körper. Das Gehirn sendet einen Befehl an deine Hand, damit du z. B. nach der Zitrone greifen kannst, wenn du es möchtest.

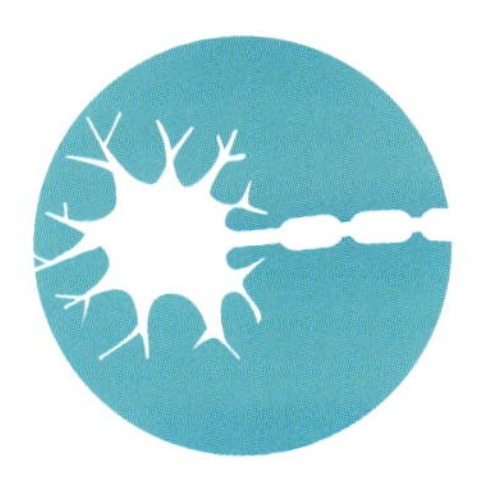

Wo sind in unserem Körper sonst noch Nerven?

Emma weiß jetzt, dass Nerven wichtig sind, um Informationen im Körper weiterzuleiten. Wie bei der Zitrone, die erst Geräusche macht, wenn die Drähte richtig verbunden sind. Emma fragt ihre Mama, wo denn überall die Nerven im Körper sind und wozu sie wichtig sind.

Mama kitzelt Emma an den Händen und Füßen, lässt sie an ihrem schönen Parfüm riechen und zeigt ihr bunte Bilder. Sie erklärt ihr, dass all diese Sachen, die Emma spürt, hört, riecht, schmeckt oder sieht über Nervenkabel an das Gehirn weitergeleitet werden. Erst wenn sie dort angekommen sind, kann Emma es erleben, z. B. das schöne Parfüm riechen oder die bunten Bilder sehen.

Auch wenn Emma die Arme, die Beine oder die Füße bewegen möchte, muss das Gehirn den Armen, Beinen oder Füßen erst einmal genau sagen, was sie machen sollen. Auch das funktioniert über die Nerven.

Gemeinsam überlegen Emma und Mama nun, wo überall im Körper Nervenkabel sind und wozu sie gebraucht werden.

Das Nervensystem

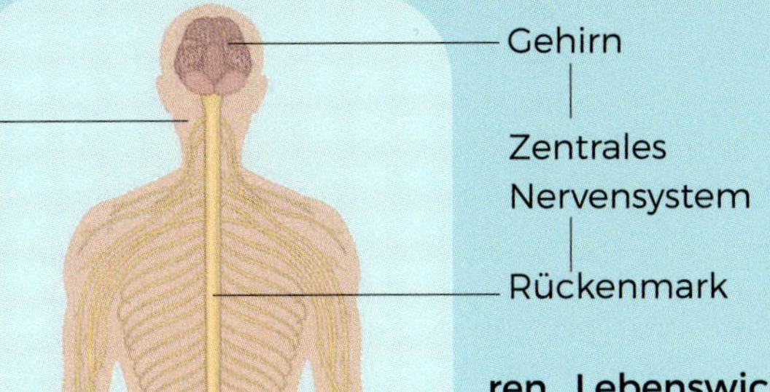

Unser Nervensystem enthält viele Milliarden Nervenzellen, sogenannte Neuronen. Allein im Gehirn sind es rund 100 Milliarden. Die Nervenzellen müssen eng zusammenarbeiten, damit wir z. B. riechen, sehen, hören, schmecken und fühlen können. Sie leiten die Informationen weiter an das Gehirn und lösen von dort Reaktionen wie Muskelbewegungen oder Empfindungen aus.

Man unterscheidet zwischen dem zentralen und dem peripheren Nervensystem. Das zentrale Nervensystem, kurz ZNS genannt, umfasst Nervenbahnen im Gehirn und Rückenmark. Es befindet sich sicher im Schädel und in der Wirbelsäule. Zum peripheren Nervensystem gehören alle anderen Nervenbahnen des Körpers. So sind alle Organe und Bereiche unseres Körpers netzartig miteinander verbunden und können miteinander kommunizieren. Lebenswichtige Funktionen wie Atmen oder der Herzschlag werden über das autonome Nervensystem „automatisch“ gesteuert.

Von MS ist nur das zentrale Nervensystem betroffen.

Je nachdem wo die Nervenverbindung gestört (Erklärung Seite 9) ist, treten unterschiedliche MS-Symptome auf. Beispielsweise, wenn der Sehnerv betroffen ist, dann sieht man verschwommen oder Doppelbilder.

Der Körper kann das Myelin teilweise selbst wieder reparieren. Daher können MS-Symptome nach einem „MS-Schub“, wenn die Krankheit nicht mehr aktiv ist, wieder komplett verschwinden. Manchmal bleibt allerdings auch ein Teil davon zurück. Das heißt, man sieht z. B. wieder besser, aber nicht so gut, wie vor dem Schub.

Welche Aufgaben steuert das zentrale Nervensystem?

Hier einige Beispiele. Überlege noch weiter:

Schlucken

Sehen

Arm heben

Schmecken

Tasten

Riechen

Gehen

Bein heben

„Das schnelle Lineal"

Und so geht's: Um mit dem Lineal dein Reaktionsvermögen zu testen, muss dein Experimentepartner ein langes Lineal bei 0 mit Daumen und Zeigefinger festhalten. Der längere Teil des Lineals zeigt dabei nach oben in Richtung Decke. Deine Hand befindet sich griffbereit direkt unter dem Lineal.

Du brauchst:

- ein 30 cm langes Lineal
- eine helfende Hand

Dein Experimentepartner soll das Lineal plötzlich loslassen, ohne anzuzählen oder Kommando, wann er das Lineal loslässt. Du sollst hingegen versuchen, das Lineal so schnell wie möglich aufzufangen. Da du nicht weißt, wann das Lineal fällt und du schnell reagieren musst, kannst du so dein Reaktionsvermögen testen.

Ihr könnt euch auch gegenseitig testen und ausprobieren, wer schneller reagieren kann. Abmessen könnt ihr das an der Zentimeterzahl, bei der ihr gefangen habt.

Wozu brauche ich Reaktionsvermögen?

„Das schnelle Lineal" ist ein Test für dein Reaktionsvermögen. Dein Gehirn leitet den optischen Eindruck „Das Lineal fällt!" vom Auge zum Gehirn weiter. Dort wird die Information verarbeitet und du kannst darauf reagieren, indem das Gehirn einen Befehl zur Hand sendet „Jetzt greifen!"

Das Nervensystem ist das wichtigste Steuerelement unseres Körpers. Durch die schnelle Weiterleitung können wir innerhalb von Millisekunden reagieren, wenn wir es müssen. Je schneller du das fallende Lineal greifen kannst, desto besser ist dein Reaktionsvermögen: vom Auge zum Gehirn bis zur Hand.

Mach dir aber keine Sorgen, wenn du langsamer fängst als andere. Das Reaktionsvermögen lässt sich trainieren.

Müdigkeit

Warum bist du eigentlich immer so müde?

Emma ist eigentlich nie müde. Zumindest sagt sie das immer, wenn sie ins Bett soll. Emma würde gerne jeden Abend einfach weiter spielen.

Emma fällt auf, dass Mama oft müde ist. Manchmal ist sie sogar so müde, dass sie sich tagsüber hinlegen muss. Und auch wenn sie gerade geschlafen hat, ist sie schnell wieder müde. Emma versteht nicht warum. Eigentlich ist es doch noch hell, schlafen kann man doch schließlich nachts.

Mama erklärt Emma, dass das Leben mit MS oft anstrengender ist als ohne. Sie muss sich bei vielen Aufgaben sehr konzentrieren, damit sie diese erledigen kann. Ihr fällt z. B. manchmal das Einkaufen schwerer, weil sie alles doppelt sieht oder sie muss sich mehr anstrengen, damit sie beim Gehen nicht stolpert. Das alles macht Mama schneller müde, aber auch die MS selbst sorgt dafür.

Emma überlegt, wie sie sich fühlt, wenn sie müde ist. Manchmal fallen ihr dann sogar die Augen von ganz alleine zu. Besonders, wenn sie mit Mama im Schwimmbad war oder den ganzen Tag mit ihren Freunden getobt hat.

Überleg doch selbst einmal:
Wann bist du so richtig müde? Wie fühlst du dich, wenn du müde bist?

Müdigkeit

Weshalb Menschen mit MS oft müde sind...

Viele Menschen mit MS sind oft sehr müde. Allerdings ist es gar nicht so leicht, die Ursache für die Müdigkeit herauszufinden. Es gibt viele unterschiedliche Auslöser für das Müdesein. Und auch diese sind bei jedem Menschen etwas anders.

Ärzte vermuten, dass das Gehirn sich bei MS einfach mehr anstrengen muss, um seine normalen Aufgaben zu erledigen: angefangen von der Atmung über die Verdauung bis hin zur Funktion von anderen Organen. Zudem können Teile des Nervensystems beschädigt sein, die z. B. die Energie oder den Stoffwechsel steuern.

Du hast bereits erfahren, dass MS viele tägliche Aufgaben erschwert, z. B. das Gehen, Greifen oder Sehen. Normale Tätigkeiten – vom Einkaufen über Lesen bis hin zum Denken – sind dadurch oft sehr erschöpfend. Ebenso können einige Medikamente, die man wegen MS einnehmen muss, schläfrig machen.

Viele MS-Erkrankte haben Schlafstörungen oder müssen nachts häufiger zur Toilette. Deshalb sind sie morgens weniger ausgeruht als andere Menschen und bereits kurz nach dem Aufstehen wieder müde. Sie benötigen mehr Pausen am Tag. Manchmal können Menschen mit MS etwas nicht machen, weil es zu viel Kraft erfordert. Müdigkeit hat bei Menschen mit MS nichts mit „keine Lust“ oder Faulheit zu tun. Der Grund dafür ist einfach die MS.

Die Müdigkeit kann ein dauerhafter Begleiter von MS sein. Sie kann aber auch nur während eines MS-Schubes auftreten und wieder verschwinden, wenn sich die Nervenzellen repariert haben.

Sehstörungen

Wie sehe ich die Welt, wenn ich du wäre?

Emma geht mit Mama einkaufen. Mama läuft ganz langsam, Schritt für Schritt. Sie sagt, sie sieht alles doppelt und ist deshalb unsicher beim Gehen. Das Glas mit Kirschen, die Dose mit Tomaten und den Kakao hält sie beim Einkauf zum Lesen ganz dicht vor die zusammengekniffenen Augen. Emma versteht nicht, wieso Mama das macht und nicht einfach eine Brille aufsetzt.

Mama erklärt ihr, dass ihre Augen durch den Sehnerv mit dem Gehirn verbunden sind. Durch das Nervenkabel wird das, was Mama sieht, zum Gehirn weitergeleitet. Dort entsteht dann auch das Bild, das sie am Ende sieht.

Genau dieses Nervenkabel funktioniert bei ihr im Moment wegen der MS nicht so gut. Deshalb sieht sie auch alles etwas verschwommen und doppelt.

Sie sagt, dass ihr Körper nun versucht, dieses Nervenkabel zu reparieren. Bis es wieder besser ist, muss Mama etwas Geduld haben.

Das Auge

So funktioniert das Sehen

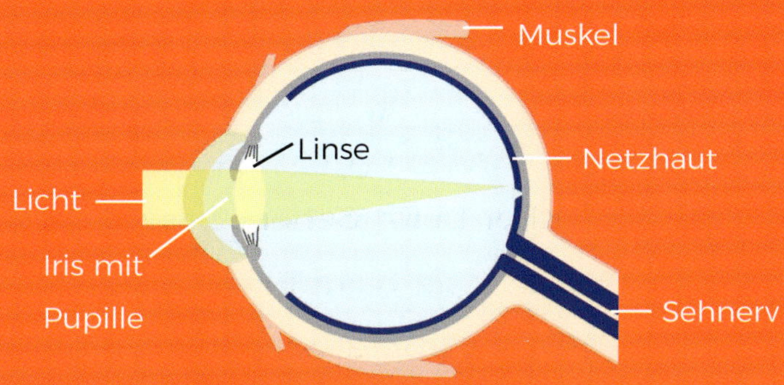

Sehen ist einer unserer fünf Sinne, mit denen wir unsere Umgebung wahrnehmen. Erst wenn Licht auf einen Gegenstand trifft und dieser Licht zurückstrahlt, können wir ihn sehen.

Der kugelförmige Augapfel wird von sechs Muskeln an vier Seiten des Auges in der Augenhöhle gehalten. Sie steuern die Koordination der Augen. An der Vorderseite des Auges befindet sich die Iris oder Regenhaut, welche dem Auge die Farbe gibt. Die mittig liegende Pupille regelt, wie viel Licht ins Auge fällt. Um auch in der Dämmerung und Dunkelheit etwas zu erkennen, vergrößert sie sich bei schwachem Licht. Bei starkem Licht zieht sich die Pupille zusammen und schützt so das Auge. Hinter der Iris liegt die Linse. Durch die Wölbung der Linse wird auf der Netzhaut ein Gegenstand, den wir betrachten, umgedreht als winziges Bild abgebildet.

Der Augapfel ist über den Sehnerv mit dem Gehirn verbunden. Viele Millionen von Sinneszellen senden Nachrichten über die Form, Farbe, Größe und Lage eines Gegenstandes über den Sehnerv an das Gehirn und erzeugen dort schließlich das Bild. Besondere Sehzellen, die Stäbchen und Zäpfchen, sorgen bei Licht dafür, dass wir in Farbe sehen können. In einem dunklen Raum sehen unsere Augen die Gegenstände nur in schwarz, weiß und grau.

Bei MS kann der Sehnerv angegriffen werden. Dadurch wird die Informationsweiterleitung vom Auge an das Gehirn gestört. Das führt u. a. zu verschwommenem Sehen oder erschwertem Farbsehen. Ist das Zusammenspiel der Augenmuskeln betroffen, sehen manche Menschen Doppelbilder, andere haben vielleicht plötzliches Augenzucken. Die Sehstörungen bei MS verschwinden in der Regel wieder von alleine.

Wie sehe ich die Welt, wenn ich du wäre?

Du siehst hier verschiedene Bilder von einer Sonnenblume. Vielleicht schaust du dir die Bilder alle einmal genauer an. Was erkennst du? Wie unterscheiden sich die Bilder?

So geht´s: In Bild 1 siehst du die Sonnenblume, wie sie ist. Menschen mit Sehstörungen sehen die Welt manchmal anders. Die Bilder 2 bis 5 zeigen dir, wie MS das Sehen zeitweise verändern kann.

So sehe ich die Sonnenblumen

So sieht Emmas Mama manchmal die Welt

So sehe ich die Sonnenblumen

Grauschleier

Doppeltsehen

Milchiges Sehen

Verschwommenes Sehen

Die Milch-Brille

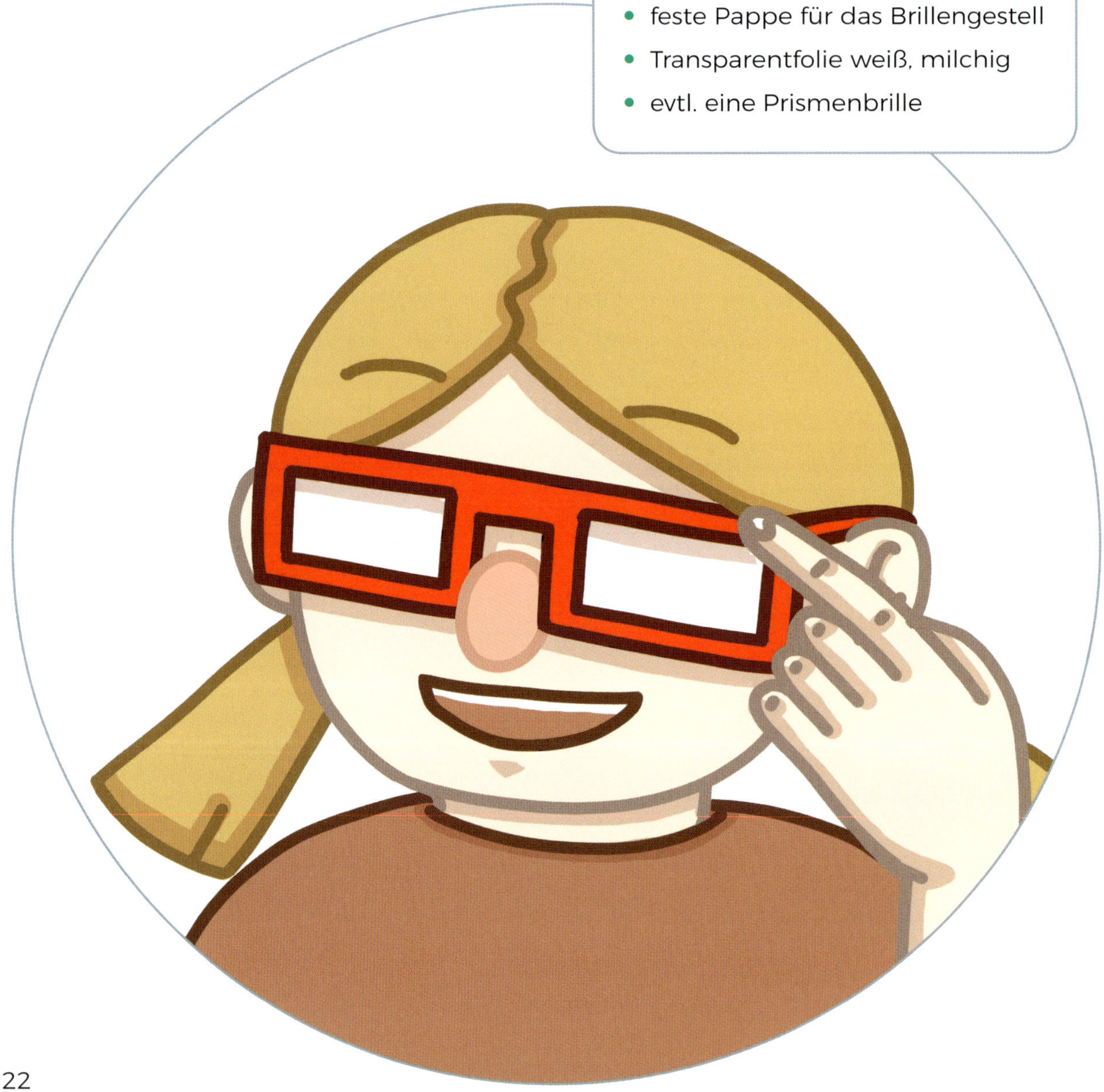

Du brauchst:

- feste Pappe für das Brillengestell
- Transparentfolie weiß, milchig
- evtl. eine Prismenbrille

So geht´s: Zeichne dir die Brillenvorlage von Seite 24 auf eine feste Pappe. Schneide die Brille und die Brillenbügel an der schwarzen durchgezogenen Linie aus. Falte die Brille und klebe die drei Teile so zusammen, dass du eine Brille bekommst.

Dort wo die Brillengläser normalerweise sind, kannst du nun verschiedene leicht milchige Transparentfolien zwischen die Seiten einlegen.

Dann setze die Brille auf. Betrachte deine Umgebung oder nimm dir ein Bilderbuch zur Hand. Was siehst du? Versuche, mit der Brille auf der Nase, einige Zeit zu spielen, zu malen oder etwas zu basteln. Du wirst schnell merken, dass du dich viel mehr konzentrieren musst und alles anstrengender ist.

Oder so: Eine Prismenbrille kann man sich z. B. über einen Optiker bestellen. Mit einer Prismenbrille kannst du erfahren, wie es ist, wenn man alles doppelt sieht. Sei sehr vorsichtig, wenn du mit der Brille etwas unternimmst. Es kann dir schnell schwindelig werden. Versuche, verschieden große Gegenstände auf einem Tisch zu greifen oder Papierkügelchen in einen Behälter zu werfen. Du wirst schnell merken, wie dein räumliches Sehen durch die Brille erschwert wird.

Warum ist das so?

Bei MS kann die Weiterleitung der Bilder vom Auge an das Gehirn durch den Sehnerv gestört sein. Menschen mit MS sehen dann manchmal wie durch eine Milch- oder Prismenbrille.

Anleitung zum Brillenbau

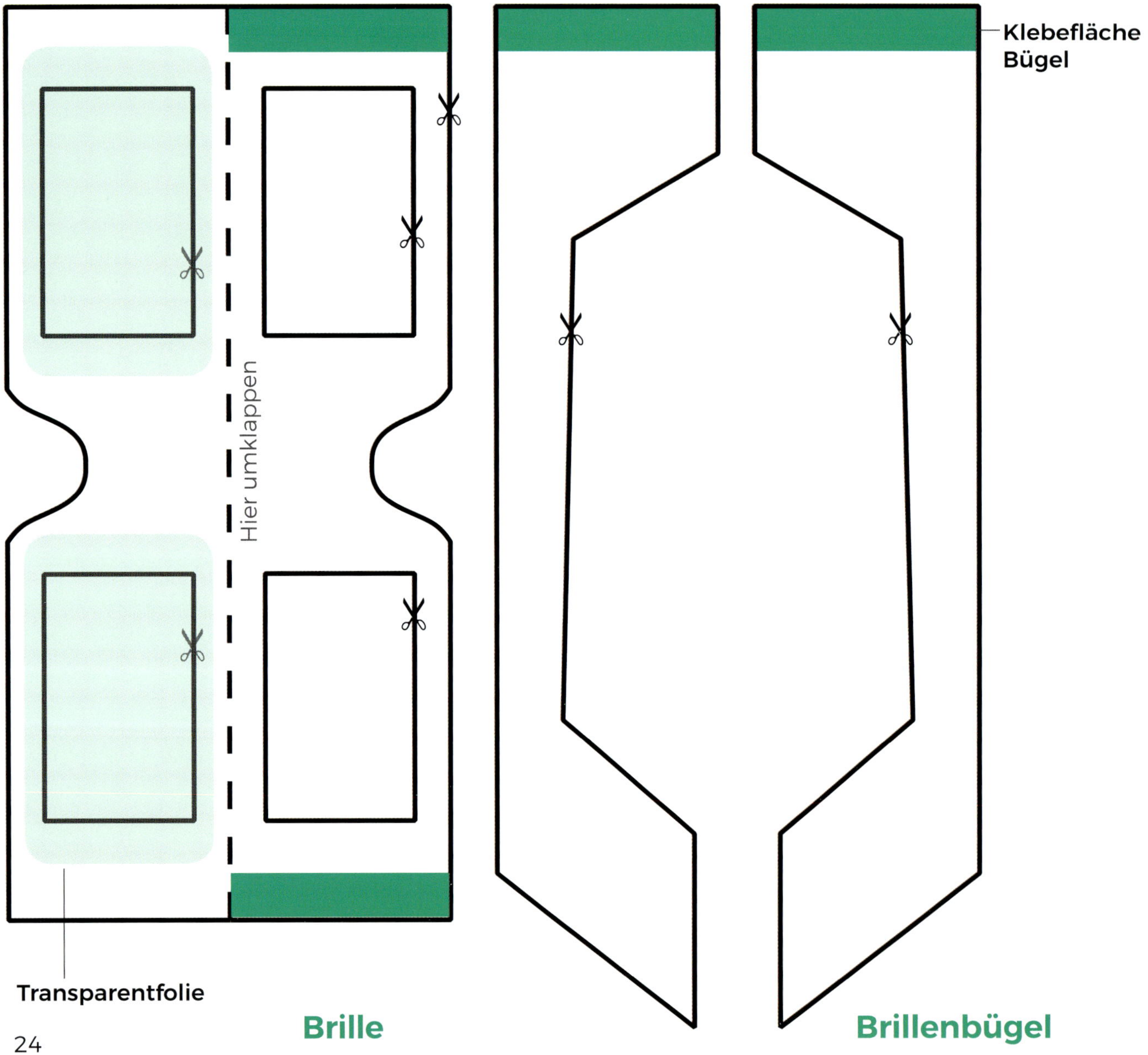

Nachts sind alle Katzen grau...

So geht´s: Gehe auf Farbsuche und trage möglichst viele Gegenstände aus deiner Umgebung wie Buntstifte, Papier oder Socken in allen bunten Farben zusammen.

Nun solltest du einen Raum suchen, den du gut abdunkeln kannst. Der Lichteinfall an diesem Ort sollte möglichst gering sein. Dann mache das Licht aus.

Betrachte die unterschiedlichen Gegenstände und Farben nun im Dunkeln. Vielleicht schaffst du es sogar, die Gegenstände nach Farben zu zu sortieren?

- Kannst du noch alle Farben erkennen?
- Ist der gewählte Gegenstand bei Licht betrachtet tatsächlich rot?
- Was passiert, wenn du die Gegenstände im dunklen Raum mit einer Taschenlampe anstrahlst?

Warum ist das so?

Der Spruch „Nachts sind alle Katzen grau“ bedeutet nicht, dass nachts nur graue Katzen herumstreunern. Er bezieht sich auf das Farbensehen des Menschen bei Nacht. Wie du wahrscheinlich auch bei dem Experiment bemerkt hast, scheinen im Dunkeln oder bei Nacht alle Farben grau zu sein.

Auch Menschen mit Multipler Sklerose haben durch die Entzündung des Sehnervs häufig ein erschwertes Farbensehen.

Du brauchst:

- farbige Gegenstände (Kleidung, Papier, Spielzeug, Bücher...)
- einen dunklen Raum
- einen Raum mit Beleuchtung
- eine Taschenlampe

Wieso gehst du eigentlich manchmal so langsam?

Emma ist ungeduldig. Sie und Mama sind auf dem Weg zum Spielplatz. Mama läuft ganz langsam, deshalb würde Emma am liebsten vorlaufen. Aber Mama erlaubt das nicht. Sie erklärt ihr, dass ihre Muskeln heute durch die MS sehr steif und unbeweglich sind. Es fällt ihr schwer, einen Fuß vor den anderen zu setzen.

Emma weiß, was das bedeutet, denn sie hat mit Mama das Jackenmonster (Experiment Seite 28) gespielt. Dabei hat sie gemerkt, wie anstrengend es ist, wenn die Arme oder Beine steif sind und Bewegungen schwer fallen. Sie nimmt Mama an die Hand und geht langsam neben ihr.

Endlich angekommen, ruht Mama sich auf einer Bank aus, während Emma den Kletterturm erobert. Auf dem Rückweg sind beide müde. Arm in Arm laufen sie zurück und freuen sich auf den nächsten Ausflug.

Die Muskeln

Wie funktioniert das eigentlich mit den Muskeln?

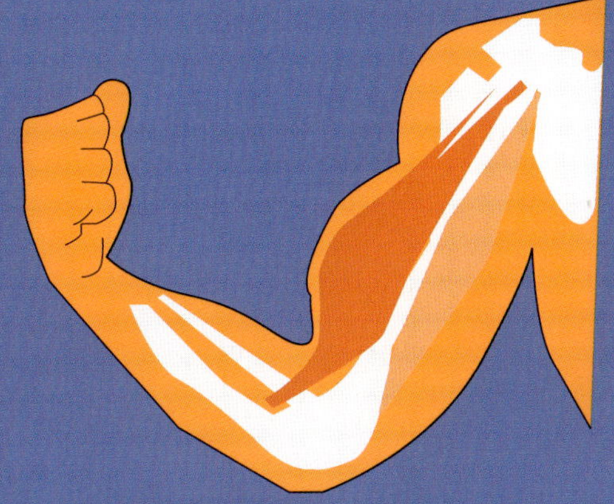

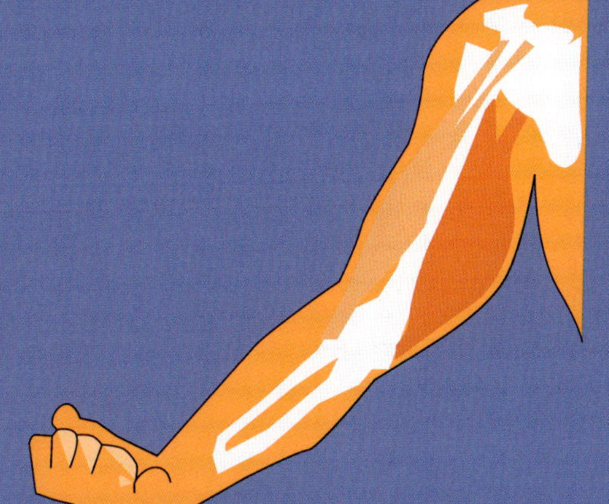

Muskeln treten immer im Paar auf. Wenn du deinen Arm nach oben beugst, zieht sich dein Oberarmmuskel, der Bizeps, zusammen. Damit diese Bewegung gelingt, muss sich dein Trizeps, der Muskel auf der anderen Seite des Arms, entspannen und langziehen lassen. Beim Strecken des Arms ist das umgekehrt. Jetzt zieht sich der Trizeps zusammen, während der Bizeps entspannt ist und gedehnt wird.

Bei Muskelsteifigkeit oder Muskelschwäche kommen die Signale der Nervenzellen bei den Muskeln nur abgeschwächt oder gar nicht an. Dann kann es auch vorkommen, dass beide Muskeln gleichzeitig leicht angespannt sind. So kann der Arm nicht mehr so leicht gebeugt oder gestreckt werden. Das Zusammenziehen des einen Muskels muss gegen die Anspannung des anderen arbeiten. Die betroffenen Muskeln können dadurch auch versteifen und verkrampfen, man spricht dann von einer Spastik.

Bei MS wird durch Muskelsteifigkeit und Muskelschwäche die Beweglichkeit verschlechtert. Man bewegt sich langsamer oder kann auch nicht so lange Wege an einem Stück gehen.

Das Jackenmonster

Ein kleines Experiment zeigt dir, wie es sich anfühlen kann, wenn die Muskeln steif werden oder Bewegungen schwer fallen.

Du brauchst:

- mindestens drei dicke Jacken
- helfende Hände

So geht´s: Ziehe möglichst alle drei Jacken übereinander an. Versuche nun zunächst, mit der linken Hand das rechte Ohrläppchen anzufassen. Dann probiere das Gleiche mit der rechten Hand und deinem linken Ohrläppchen aus. Geht das auch schneller?

Merkst du im Vergleich zu sonst einen Unterschied? Nun ziehe die Jacken wieder aus und mache die gleichen Übungen noch einmal ohne Jacken.

Warum ist das so?

Wenn du viele Jacken übereinander anziehst, dann haben deine Arme wenig Bewegungsfreiheit. Die Ärmel schränken deine Bewegungen ein. Je nachdem wie dick die Jacken sind, kommst du sogar vielleicht gar nicht mehr an deine Ohrläppchen.

Möchtest du auch einmal versuchen, wie es ist, mit mehreren Hosen übereinander Hinkelkästchen (Experiment Seite 33) zu spielen?

Überleg einmal:
Welche Spiele kannst du sonst noch als Jackenmonster spielen?

Steife Beine

So geht´s: Bei diesem Experiment geht es darum, die Muskelsteifigkeit der Beine nachzuempfinden.

Binde dir ein breites elastisches Gummiband um beide Beine, am besten auf Kniehöhe. Das Gummiband sollte stramm aber nicht zu fest sitzen.

Versuche nun, mit dem Gummiband zu gehen, eine Treppe zu steigen (hier brauchst du unbedingt helfende Hände!), Hinkelkästchen (Experiment Seite 33) zu hüpfen oder mit einem Ball zu spielen.

Du wirst merken: Das Gehen wird viel anstrengender. Dein Helfer kann dich anschließend wieder vorsichtig von dem Gummiband befreien.

Du brauchst:

- ein breites elastisches Gummiband (ein geeignetes breites Gummiband kennt man von elastischen Hosenbündchen und bekommt man in jedem gut sortierten Stoffladen)
- helfende Hände

Warum ist das so?

Deine Beinbewegungen fallen dir mit dem Gummiband nicht so leicht, wie ohne. Das liegt daran, weil deine Muskeln nun zusätzlich gegen die Spannkraft des elastischen Gummis arbeiten müssen. Bei Muskelsteifigkeit arbeiten die eigenen Muskeln im Körper gegeneinander und erschweren die Bewegungen.

Wieso zitterst du eigentlich manchmal?

Emma beobachtet Mama sehr gerne, wenn sie etwas kocht. Besonders, wenn Mama Gemüse schält oder ihr einen Apfel schneidet.

Emma fällt auf, dass Mamas Hände dabei manchmal zittern und sie aufpassen muss, sich nicht zu schneiden. Mama muss sich deshalb sehr anstrengen und darauf konzentrieren.

Manchmal hilft Emma ihrer Mama dabei. Emma wäscht das Gemüse ab und darf auch mit dem Sparschäler das Gemüse schälen. Emma macht das gerne und Mama freut sich immer, wenn sie Hilfe bekommt.

Emma weiß, dass die zittrigen Bewegungen von Mamas Hand durch die MS verursacht werden. Sie fragt Mama, wie es sich anfühlt, wenn die Hand zittert.

Mama spielt mit Emma „Das Erdbeben“ (Experiment Seite 32). Dabei versucht Emma ein Bild zu malen, während Mama ein wenig an ihrem Arm wackelt.

Emma weiß nun, wie schwer es ist, ein schönes Bild zu malen, wenn der Arm zittert.

Koordination und Gleichgewicht

Wenn Bewegungen unsicher werden

Das Zusammenspiel von Muskeln ist die Grundlage einer jeden menschlichen Bewegung (Erklärung Seite 27).

Ein Bereich des Gehirns ist für die Koordination der Muskeln verantwortlich. Er sorgt für genaue Bewegungsabläufe und die Kontrolle von Gleichgewicht und Haltung. Die Steuerung der beteiligten Muskeln und Organe erfolgt über Nervenzellen, die ihre Informationen aus diesem Teil des Gehirns erhalten.

Die Nervenzellen, die für das Zusammenspiel verschiedener Muskeln oder das Gleichgewicht verantwortlich sind, können von der MS betroffen sein.

Sind alle Muskeln optimal aufeinander abgestimmt, zeigt sich ihre maximale Wirkung in ihrer Kraft, Ausdauer, Beweglichkeit und Schnelligkeit. Funktioniert die Koordination innerhalb eines Muskels durch eine Nervenschädigung nicht gut, sind die Muskeln weniger kontrollierbar und weniger schnell beweglich. Sie benötigen außerdem mehr Energie und können gleichzeitig weniger Kraft entwickeln. Das kann zu Zittern oder Unsicherheit beim Gehen und Bewegen führen.

Tritt Schwindel bei MS auf, sind oft die Nervenbahnen der für das Gleichgewicht verantwortlichen Sinnesorgane wie Augen oder Ohren betroffen. Die Folge ist ein Drehschwindelgefühl, ähnlich der Seekrankheit, welches anfangs auch mit Übelkeit verbunden sein kann.

Viele ganz alltägliche Dinge fallen schwerer, wenn Koordination und Gleichgewicht von der MS betroffen sind. Dazu gehören Gehen, Greifen, vor allem genaue Bewegungen (Feinmotorik), Sprechen, Schlucken, Kauen oder Augenbewegungen.

Das Erdbeben

Wenn die Hände steif sind, zittern oder zucken (Erklärung Seite 27) oder die Koordination schwer fällt, dann können ganz einfache Aufgaben schnell zu einer großen Herausforderung werden. Mit dem Experiment „Das Erdbeben“ kannst du erleben, wie sich es sich anfühlt, wenn du dabei ein Bild malen sollst.

So geht´s: Versuch es doch einmal: Male auf einem Blatt Papier ein Haus oder eine Katze (oder etwas anderes, das du gerne malst) so gut, wie du es kannst. Bitte jemanden, vielleicht Mama oder Papa, währenddessen ganz leicht an deinem Arm zu wackeln oder zu klopfen. Was fällt dir auf? Kannst du genauso gut malen wie sonst? Wie fühlt sich das kleine Erdbeben an?

Du brauchst:

- Buntstifte
- Papier
- einen Mitspieler

Warum ist das so?

Durch die Bewegungen an deinem Arm kannst du deine Striche nicht genau ziehen, obwohl du es gerne möchtest. Alles sieht ein wenig verwackelt aus. Du wirst automatisch versuchen, dagegen zu steuern und dich sehr konzentrieren müssen, damit das Bild gelingt. Dabei merkst du schnell, wie anstrengend es werden kann, ein einfaches Haus zu malen, wenn man seine Hände nicht richtig unter Kontrolle hat.

Hinkelkästchen

Du brauchst:

- Kreide
- Kieselstein
- einen Mitspieler

So geht´s: Mit der Kreide wird eine Figur mit mehreren Feldern auf den Boden gemalt, die nummeriert werden. Die Felder können hintereinander oder auch nebeneinander liegen. Sie sollten so groß sein, dass man mit einem oder beiden Füßen locker drin stehen kann.

Man spricht sich vorher mit seinen Spielkameraden ab, ob man mit dem rechten oder linken Bein, mit beiden Beinen und vorwärts oder rückwärts hüpfen will.

Der erste Spieler fängt an und stellt sich mit etwas Abstand vor das Spielfeld mit der Nummer 1. Nun wirft er einen Kieselstein in das erste Feld. Bleibt der Stein tatsächlich im ersten Feld liegen, hüpft der Spieler über die 1 drüber in Feld 2, dann in Feld 3, dann in Feld 4, usw. Liegt der Kieselstein außerhalb des Feldes oder auf einer Linie, ist der Wurf ungültig und der nächste Spieler ist an der Reihe.

Auf dem Rückweg stoppt man neben dem Feld, in dem der Stein liegt und bückt sich (noch immer z. B. auf einem Bein), um den Stein aufzuheben. Erst dann darf man aus dem Spielfeld hüpfen. Als nächstes wirft man den Stein in Feld 2. Es werden wieder alle Felder abgehüpft, außer wieder das Feld in dem der Stein liegt. Sobald man die Linie übertritt oder das Bein aufsetzt, ist der nächste Spieler dran. Beim nächsten Wurf muss der Spieler wieder dort anfangen, wo er aufgehört hat.

Wer als Erster alle Felder mit dem Kieselstein getroffen und übersprungen hat, der hat das Spiel gewonnen.

Versuche dabei mal die Experimente auf Seite 28 und 29 zu machen.

Chaos im Kopf

Bei diesem kleinen Experiment geht es darum, dass du nachempfinden kannst, wie sich Bewegungsstörungen anfühlen können, die durch Schwindel hervorgerufen werden.

Dazu benötigst du am besten einen Drehstuhl. Wenn du gerade keinen zur Verfügung hast, dann funktioniert das Ganze auch ohne Drehstuhl.

Du brauchst:

- evtl. einen Drehstuhl
- genügend Platz, damit du dir nicht wehtust

So geht´s: Setze dich auf deinen Drehstuhl oder stell dich entspannt auf den Boden. Nun drehe dich mit oder ohne Drehstuhl viermal im Kreis. Dabei solltest vorsichtig sein und darauf achten, dass genügend Platz vorhanden ist. Nachdem du dich gedreht hast, versuche direkt einige Schritte geradeaus zu laufen. Das fällt dir gar nicht so leicht oder?

**Versuche auch mal, deine Nasenspitze mit dem Zeigefinger zu berühren.
Hast du weitere Ideen?**

Warum ist das so?

Durch das Drehen wird dein Gleichgewichtsempfinden für einige Sekunden durcheinander gebracht und dir wird schwindlig. Dadurch fällt es dir schwerer, dich in einem Raum zu orientieren und das Gleichgewicht bei Bewegungen zu halten. Um nun auf einer Linie zu gehen, musst du dich stark konzentrieren.

Auch bei MS kann das Gleichgewichtsempfinden gestört werden. Bewegungen erfordern dann viel Konzentration und es fällt manchmal schwer, geradeaus zu laufen.

Eiskaltes Puzzle

Mit dem Experiment „Eiskaltes Puzzle“ kannst du erleben, wie sich Feinmotorikstörungen und Taubheitsgefühl (Erklärung auf Seite 37) anfühlen und auch deine Bewegungskoordination beeinflussen.

Feinmotorikstörungen sind Probleme mit ganz genauen und feinen Bewegungen, wie z. B. ein Geldstück greifen, ein Puzzle machen, ein Hemd zuknöpfen, Perlen auffädeln oder auch das Schreiben.

Wenn du schon schreiben kannst: Erinnerst du dich vielleicht noch daran, wie schwer es dir anfangs gefallen ist, einige Buchstaben zu schreiben?

Zum Schreiben müssen viele unterschiedliche Muskeln und Nerven zusammenarbeiten. Deshalb sind die feinen Bewegungen anfangs gar nicht so einfach.

Du brauchst:

- ein Puzzle
- Handschuhe

So geht´s: Such dir ein schönes Puzzle aus und greif dir deine Winterhandschuhe. Nun versuche, mit deinen Handschuhen zu puzzlen. Was fällt dir auf?

Warum ist das so?

Durch die Handschuhe kannst du Gegenstände nicht so gut fühlen und genau greifen wie ohne Handschuhe.

Eine Erkrankung wie MS kann den Tastsinn und die Feinmotorik stören. Feine Bewegungen mit den Händen aber auch kleinteilige Arbeiten mit den Fingern fallen dann schwerer.

Wieso kannst du das nicht fühlen?

Wenn Emma Mama am Arm berührt und über die Hand streichelt, dann kann Mama das manchmal nicht so gut an ihrer linken Hand fühlen.

Mama erzählt Emma, dass es an der MS liegt, dass sie Berührungen manchmal nicht richtig spüren kann. Dann kann es vielleicht auch passieren, dass sie nicht merkt, wenn das Spülwasser zu kalt oder zu heiß ist. Es gibt auch Tage, da empfindet sie ein Kribbeln, als ob tausend Ameisen über den Arm oder das Bein laufen. Das ist dann eine falsche Empfindung.

Mama erklärt Emma, dass alles was von den Augen gesehen, von der Haut gefühlt, den Ohren gehört, der Nase gerochen und im Mund geschmeckt wird einen passenden Reiz auslöst. Diese Reize werden über die Nerven an das Gehirn verschickt und sorgen dort dafür, dass wir dann sehen, hören, schmecken, riechen und fühlen können.

Durch die MS können die Reize wie ein Geruch oder eine Berührung nicht immer so leicht über die Nervenbahnen zum Gehirn gelangen. Emma ist froh, dass sie nun versteht, wieso Mama das Streicheln manchmal nicht spürt.

Empfindungen

Wie Reize erlebt werden

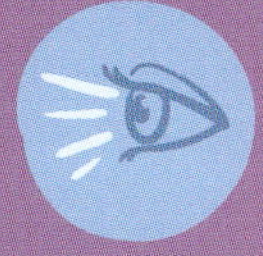

Unser Nervensystem ist ein Netzwerk, das von Kopf bis zu den Zehen den ganzen Körper miteinander verbindet (Erklärung Seite 13). Reize werden von außen und innen über unzählige Nervenenden, sogenannte Rezeptoren, von den fünf Sinnesorganen Haut, Augen, Ohren, Nase und Mund aufgenommen und über die Nerven an das Gehirn weitergeleitet (Erklärung Seite 9).

Man unterscheidet:

- Berührungsempfindung
- Temperaturempfindung
- Vibrationsempfindung
- Schmerzempfindung
- Bewegungsempfindung
- Lageempfindung
- Kraftempfindung

Reize für die Haut sind Bewegung, Druck, Schmerz und Temperatur, für das Auge das Licht, für das Ohr der Schall, für die Nase der Geruch und für den Mund bzw. die Zunge ist es der Geschmack. Im Gehirn werden diese Informationen zu Wahrnehmungen und Empfindungen verarbeitet.

Ist die Weiterleitung der Reize durch MS gestört, kann es zu Sensibilitätsstörungen und Missempfindungen kommen. Sie zeigen sich durch unangenehme (falsche) Empfindungen oder eine veränderte Reizwahrnehmung (gesteigert, abgeschwächt oder gar nicht).

Das kann z. B. ein Kribbeln, Brennen, Jucken oder taubes, pelziges Gefühl an bestimmten Körperstellen sein. Das Kribbeln ist manchmal so, als ob viele Ameisen über den Arm, das Bein oder den Fuß laufen. Bei dem Taubheitsgefühl fühlt es sich an, als ob eine Körperstelle betäubt wäre und man spürt wenig bis nichts. Schmerzen werden manchmal aber auch stärker wahrgenommen. Ist das Kälte- oder Wärmeempfinden betroffen, hat man das Gefühl, eine Körperregion wäre besonders kalt oder warm, obwohl sie es nicht ist.

Die fliegenden Arme

Wir haben für dich nun einige kleine Experimente herausgesucht, mit denen du ausprobieren kannst, wie es sich anfühlt, wenn der Körper dir ein Gefühl „vorlügt", so wie es bei der MS auch passieren kann.

Du brauchst:

- einen Türrahmen

So geht´s: Stell dich unter einen Türrahmen. Presse beide Handrücken gegen den Türrahmen: Linke Hand linker Türrahmen und rechte Hand rechter Türrahmen. Drücke die Handrücken so fest du kannst (tu dir aber nicht weh) gegen den Türrahmen und zähle bis 30. Wenn du das gemacht hast, dann geh zwei Schritte nach vorne. Was fühlst du?

Warum ist das so?

Durch den Druck der Arme gegen den Türrahmen hat man nach etwa 30 Sekunden das Gefühl als wären die Arme federleicht und würden sich von ganz alleine in die Luft heben.

Bei MS hat man zwar nicht die Empfindung, dass die Arme wegfliegen. Aber manchmal sind es andere falsche Gefühle, wie das „Ameisenkribbeln" oder das Taubheitsgefühl. Vielleicht hast du das schon einmal erlebt: In der Nacht wirst du wach und dein Arm ist „eingeschlafen". Er ist erst ganz taub und fängt dann an zu kribbeln. So ist das bei der MS manchmal auch. Nur, dass das Kribbelgefühl nicht so schnell wieder aufhört, wie bei dir.

Der falsche Finger

Falsche Empfindungen hast du auch, wenn du eine Berührung nicht fühlen kannst. Hier ein weiteres Experiment, welches das Taubheitsgefühl nachstellt.

Du brauchst:

- deine linke oder rechte Hand
- die linke oder rechte Hand deines Experimentepartners

So geht´s: Legt eure Handflächen aneinander, so dass sich eure Finger gegenüber stehen.

Wenn eure Hände die Position eingenommen haben, dann sucht euch ein Fingerpaar aus, z. B. deinen Zeigefinger und den Ringfinger deines Experimentepartners.

Streiche mit deinem Daumen und Zeigefinger der anderen Hand gleichzeitig über beide Finger. Das fühlt sich sehr komisch und fremd an oder?

Warum ist das so?

Da du gleichzeitig beide Finger, also deinen und den deines Experimentepartners berührst, fühlst du zwar die Berührung an deinem Zeigefinger aber gleichzeitig fasst du zwei Finger an. Berührtes und Gefühltes stimmen nicht überein. Deswegen fühlt es sich für uns auch komisch oder falsch an.

Geisterberührungen

Falsche Empfindungen hast du, wenn das was du siehst, nicht mit deinem Gefühl übereinstimmt. Hier ein weiteres Experiment.

So geht´s: Nimm dir einen Karton zur Hand. Schau dir dazu am besten die Bilder auf der nächsten Seite an. →

Der Karton sollte an beiden Seiten, also vorne und hinten, offen sein. Zudem sollte er ungefähr so lang sein, dass dein Arm oder ein Teil deines Armes gut hineinpasst. Stelle den Karton so vor dich hin, dass du mit dem Arm in den Karton hineingreifen kannst. Beklebe dann die Außenwand der Box mit dem Spiegel oder mit der Spiegelfolie. Nun kann das Experiment beginnen.

Schiebe dazu deinen linken Arm in den Karton und lege den rechten Arm neben die Außenwand mit der Spiegelfolie. Durch die Spiegelung des rechten Arms bekommst du den Eindruck, dass du beide Arme sehen kannst.

Du brauchst:

- einen Karton in Armlänge (z. B. einen Schuhkarton)
- einen kleinen Spiegel oder Spiegelfolie (die bekommt man im Bastelladen)
- Schere und Klebstoff
- einen Experimentepartner

Konzentriere dich auf deine gespiegelte Hand. Nun muss dein Experimentepartner dich mit verschiedenen Berührungen überraschen. Er kann dich z. B. mit einer Feder streicheln oder mit einem Stift anstupsen.

Was fühlst du, wenn dein Experimentepartner deine Hand in der Box berührt? Bitte deinen Partner, beide Hände zu berühren, erst die linke, dann die rechte und dann beide, und beschreibe deine Empfindungen dabei.

Warum ist das so?

Durch die Spiegelung deines rechten Armes in der Folie bekommst du den Eindruck, als würde dein linker Arm nicht im Karton liegen. Wirst du an der linken Hand berührt, also an der Hand, die in der Box liegt, stimmen das Gesehene und das Gefühlte nicht überein. Dein Gehirn ist dann verwirrt.

Eiskalte Gefühllosigkeit

Mit Hilfe dieses Experimentes kannst du ganz einfach nachempfinden, was passiert, wenn die feinen Bewegungen deines Körpers, wie gezielt etwas kleines greifen, durch Sensibilitätsstörungen eingeschränkt sind.

So geht´s: Jeder Mitspieler erhält zunächst 10 Zahnstocher. Die Zahnstocher sollen griffbereit vor ihm liegen. Fülle dann die Eiswürfel in das vorbereitete Gefäß und gib noch so viel kaltes Wasser hinzu, dass eine Hand mit Wasser und Eiswürfeln bedeckt ist. Halte die Hand etwa 20 bis 30 Sekunden unter Wasser. Aber pass auf, das Wasser ist sehr kalt. Wenn es dir zu kalt ist, dann nimm die Hand schnell wieder heraus.
Trockne deine Hand kurz ab und versuche, so schnell wie möglich, alle Zahnstocher aufzuheben und in ein kleines Gefäß zu legen.

Warum macht ihr nicht einen kleinen Wettkampf daraus?

Du brauchst:

- 10 Zahnstocher pro Person
- ein Gefäß, in das deine Hand hineinpasst
- Eiswürfel
- Handtuch
- Auffangbehälter für Zahnstocher

Warum ist das so?

Feine gezielte Bewegungen kann man mit warmen Händen leichter machen. Durch die Kälte werden eure Finger für kurze Zeit etwas taub und gefühllos. Du merkst, wie es dadurch schwieriger wird, die Zahnstocher zu fühlen und zu greifen, festzuhalten und in den Behälter zu legen.

Eins oder Zwei

Dieses Experiment fordert euren Tastsinn an verschiedenen Stellen des Körpers heraus.

Du brauchst:

- zwei Stifte (Bunt- oder Bleistift)
- Klebestreifen oder Gummiband

So geht´s: Klebe zwei Stifte mit einem Klebesteifen zusammen. Achte dabei darauf, dass die Stiftspitzen auf gleicher Höhe sind. Bitte deinen Experimentepartner die Augen zu schließen. Deine Aufgabe ist es nun, mit dem Stift über die Haut deines Experimentepartners zu streichen. Erst z. B. über den Arm, dann über die Hand, den Fuß, die Nase und die Lippen. Verwende dazu beliebig abwechselnd beide Stiftspitzen oder eine Stiftspitze. Dein Partner soll versuchen zu spüren, ob du ihn mit einer oder zwei Spitzen berührt hast. Danach bist du an der Reihe.

Durch das Experiment könnt ihr euren Tastsinn an unterschiedlichen Körperregionen testen. Nicht an allen Körperstellen ist es leicht zu fühlen, ob es sich um eine oder zwei Stiftspitzen handelt. Eure Fingerspitzen und Lippen sind sehr empfindsam. Hier kann euch keiner etwas vormachen. An den Beinen und am Rücken ist es anders. Hier war es bestimmt nicht ganz so leicht herauszufinden, wie viele Stiftspitzen euch berührt haben oder?

Warum ist das so?

Der Tastsinn erfolgt über verschiedene sogenannte Rezeptoren in unserer Haut. Sie reagieren besonders empfindlich auf Druck und unterschiedliche Reize. Nicht überall in unserer Haut sind gleich viele Rezeptoren vorhanden. So sind besonders viele Rezeptoren an den Fingerspitzen und der Zungenspitze vorhanden, aber auch an euren Lippen. Am Bein und besonders am Rücken habt ihr sehr wenig Rezeptoren. Daher spürt ihr hier auch am wenigsten den Unterschied.

Sprechstörungen

Wieso sprichst du manchmal so langsam?

Vor dem Schlafengehen liest Mama oft etwas aus Emmas Lieblingsbuch vor. Es gibt Tage, da kann Mama nicht so gut vorlesen. Ihre Stimme ist undeutlich, zu laut oder zu leise, zu hoch oder zu tief, zu langsam oder zu schnell. Emma versteht sie dann nicht immer gut.

Mama erklärt Emma, dass die MS das Sprechen stören kann. Zum Sprechen benötigt man ganz viele unterschiedliche Muskeln und Nerven, die sehr genau miteinander arbeiten müssen. Und auch die Atmung muss darauf abgestimmt sein.

Emma fragt Mama, wie Sprechen funktioniert. Sie überlegen gemeinsam, was man noch alles zum Sprechen braucht: Zunge, Lippen ...

Fällt dir sonst noch etwas ein?

Sprechstörungen

So funktioniert das Sprechen

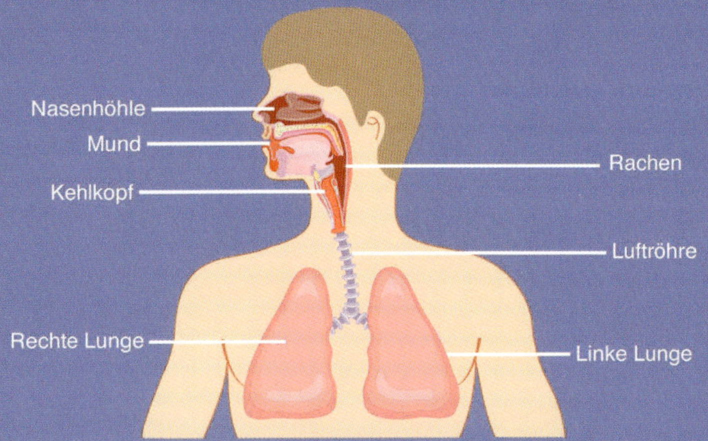

Über 100 Muskeln und viele Organe werden beim Sprechen benötigt. Damit wir sprechen können, müssen die Muskeln, Organe, Nerven und das Gehirn gut aufeinander abgestimmt sein und zusammenarbeiten. Beteiligt sind der gesamte Mund-, Nasen- und Rachenraum, Kehlkopf, Lippen, Stimmbänder, Gaumen, Zähne, Zunge und Unterkiefer aber auch die Atmung. Die Koordination wird vom Gehirn gesteuert.

Zum Sprechen atmet man zunächst ein. Dann wird Luft aus der Lunge durch die Luftröhre zum Kehlkopf gedrückt. Dort liegen die Stimmlippen, zwei schmale Muskelbänder, die bei leichter Spannung und gleichzeitigem Ausströmen von Luft anfangen zu vibrieren. Durch die Resonanzräume im Rachen-, Mund- und Nasenraum entsteht ein Ton. Diese Hohlräume wirken wie ein Lautsprecher. Die Aussprache erfolgt durch die Stellung von Lippen, Zunge, Zähne, Kiefer und Gaumen.

Bei MS kann das komplizierte Zusammenspiel durch eine schlechte Weiterleitung der Informationen vom Gehirn über die Nerven zu den betreffenden Muskeln und umgekehrt gestört sein. Dadurch wird das Sprechen erschwert.

Das zeigt sich durch:

- eine raue / heisere Stimme
- eine zu hohe / zu tiefe Stimmlage
- eine zu leise / zu laute Stimme
- undeutliches Sprechen
- zu langsames / zu schnelles Sprechen
- eine eintönige Sprachmelodie
- Kurzatmigkeit, daher abgehacktes Sprechen

Sprechen ohne Muskeln

Damit du merkst, wie es sich anfühlt, wenn das Sprechen nicht so gut funktioniert, haben wir auch hier einige kleine Experimente für dich. Du wirst schnell merken: Ohne Muskeln, die richtige Atmung, Koordination und Beweglichkeit funktioniert das Sprechen nicht richtig.

So geht´s: Wie wichtig die Beweglichkeit beim Sprechen ist, kannst du leicht herausfinden. Vielleicht versuchst du mal zu sprechen, wenn du die Zunge dabei gleichzeitig in die rechte oder linke Backe drückst. Oder drück die Zunge einfach mal gegen den Gaumen. Das hört sich lustig an.

Du kannst auch mal deine Lippen spitzen oder deine Fäuste gegen die Wangen drücken und versuchen, dein Gesicht beim Sprechen möglichst wenig zu bewegen. Du stellst schnell fest, es ist gar nicht so einfach, wenn Zunge, Lippen oder Mund nicht so beweglich sind.

Oder so: Wie wichtig die Atmung beim Sprechen ist, kannst du leicht herausfinden. Vielleicht atmest du einmal tief ein und versuchst zu sprechen, während du gleichzeitig bewusst ausatmest oder umgekehrt.

Hast du weitere Ideen?

Zungenbrecher zum Ausprobieren

Jeder kann sich mal versprechen. Das ist auch nicht schlimm. Manchmal klingt es sogar sehr lustig, wenn man sich verspricht und man muss selbst lachen.

Und so geht´s auch: Sage fehlerfrei die Zungenbrecher auf. Lass dir die Zungenbrecher von Mama oder Papa vorsagen, wenn du noch nicht lesen kannst. Wenn dir das Aufsagen leicht fällt, kannst du es auch mal in einem schnelleren Tempo ausprobieren. Aber ohne dich zu versprechen.

- Fischers Fritze fischt frische Fische. Frische Fische fischt Fischers Fritze.
- Hinter'm hohen Haus hackt Hans hartes Holz. Hartes Holz hackt Hans hinter'm hohen Haus.
- Brautkleid bleibt Brautkleid und Blaukraut bleibt Blaukraut.
- Kreischende Krähen knabbern im kalten Winter Kerne und Körner.
- Schnecken essen Kresse nicht, denn Kresse schmeckt den Schnecken nicht.
- Zehn Ziegen ziehen zehn Zentner Zucker zum Zoo.

Warum ist das so?

Zungenbrecher werdern deshalb so genannt, weil ähnliche, aber nicht gleiche Laute beim Sprechen gebildet werden müssen. Das ist für die Koordination der Muskeln im Mund sowie die Zunge eine besondere Herausforderung, ebenso für die Konzentration.

Denken / Kombinieren / Planen

Sollen wir heute wieder Memory spielen?

Emma spielt gerne Memory. Denn Emma kann sich sehr gut Sachen merken. Und darauf ist sie stolz. Wenn sie ein Pärchen gefunden hat, freut sie sich umso mehr. Meistens gewinnt Emma beim Memory.

Auch ihre Mama spielt gerne Memory. An manchen Tagen hat Emma jedoch das Gefühl, dass Mama keine Lust hat oder sie gewinnen lassen will. Mama ist unkonzentriert und findet nicht so viele Pärchen. „Mama, pass mal besser auf. Das ist doch leicht!“, sagt Emma dann.

Mama erklärt Emma, dass ihr das Denken und das Merken gar nicht immer so leicht fallen. Durch die MS muss ihr Kopf sich für ganz „normale“ Dinge wie Sehen oder Gehen manchmal ganz schön anstrengen. Deshalb ist sie auch schneller müde und unkonzentriert, vergisst etwas oder macht Fehler.

Mama möchte trotzdem mit Emma weiter Memory spielen. Sie sagt: „Memory macht mir Spaß und trainiert mein Gehirn.“

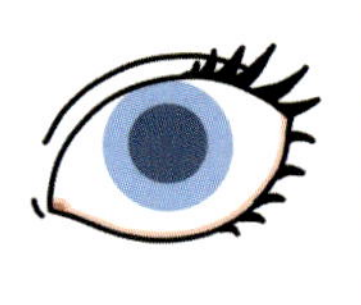
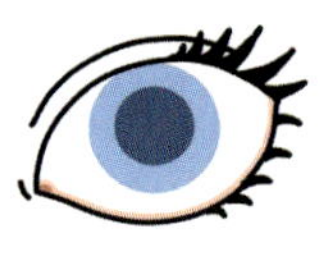

Kognition

Wenn das Denken und Handeln anstrengend ist

Als direkte Folge der MS kann es durch beschädigte Nervenbahnen auch zu einer langsameren Informationsverarbeitung im Gehirn kommen. Experten sprechen von kognitiven Störungen, wenn das Denken, die Konzentration, die Aufmerksamkeit, das Merken, die Wahrnehmung und/oder das Planen und Handeln schwerer fallen.

Besonders wenn mehrere Dinge gleichzeitig passieren, fühlen sich viele schnell überfordert. Sie verlieren den „roten" Faden, machen Fehler oder vergessen Wichtiges, obwohl sie sich sehr bemühen.

Hinzu kommt noch, dass Menschen mit Multipler Sklerose für einige ganz „normale" Dinge, wie Sehen, Gehen, Sprechen oder Greifen, mehr Kraft und Konzentration als andere benötigen. Da der Alltag mit MS dadurch anstrengender ist, sind sie schneller müde oder sie können sich nicht mehr so gut auf anderes konzentrieren.

Kognitive Probleme treten in vielen Situationen im Alltag auf. Sie sind aber nicht immer so eindeutig und werden daher oft mit Unlust verbunden. Das führt manchmal zu Unverständnis, Vorwürfen und Ärger – zu Hause, mit Freunden oder am Arbeitsplatz. Und das, obwohl man darauf nur wenig Einfluss nehmen kann. „Jetzt konzentriere dich doch.", „Du hast nur keine Lust." oder „Das war dir wohl nicht so wichtig."

Das Kommando

Du brauchst:

- einen Experimentepartner
- ein Blatt Papier
- einen Stift

Das Experiment „Das Kommando" zeigt ganz gut, wie das Gehirn funktioniert. Du gibst die Kommandos zum Malen und dein Experimentepartner führt sie aus. Bedenke: Je genauer deine Kommandos sind, desto besser kann dein Experimentepartner diese ausführen.

So geht´s: Lege Stift und Papier vor deinem Experimentepartner auf den Tisch. Nun stell dir etwas vor, dass du malen möchtest: ein Haus, einen Hund oder ein Piratenschiff. Sage deinem Partner nicht, was du malen möchtest. Gib ihm nur passende Anweisungen zum Malen. „Mache einen geraden Strich nach oben." oder „Male in die Mitte des Blattes einen Kreis."

Versuche nun, durch deine Kommandos das Bild aus deinem Kopf zu malen. Du musst sehr genaue Anweisungen geben.

Wenn du es gut gemacht hast, dann kann man am Ende erkennen, welches Motiv du dir ausgedacht hast.

Warum ist das so schwer?

Hat das nicht so gut funktioniert? Oder hat dein Experimentepartner vielleicht sogar erkannt, was er malen sollte?

Das Gehirn gibt ein Kommando, die Ausführung erfolgt über die Nerven bis hin zum Reaktionsort, z. B. die Hand, die den Befehl „Kreis malen" erhält. In dem Experiment bist du das Gehirn. Die Übertragung deiner Kommandos an den Partner entspricht der Nervenweiterleitung. Ist der Befehl ungenau, gibt es in der „Übertragung" Fehler. Das Kommando kann nicht genau ausgeführt werden.

Das Durcheinander

Du brauchst:

- einen Experimentepartner
- einen Ball

Wenn man Kognitionsstörungen hat, fällt es nicht immer leicht, sich zu konzentrieren und mehrere Dinge gleichzeitig zu machen. Wir haben ein kleines Experiment für dich, bei dem du nachempfinden kannst, wie das ist.

So geht´s: Beim Durcheinander geht es darum, dass du dir so viele Begriffe wie nur möglich merken sollst und dabei gleichzeitig andere Aufgaben erfüllst.

Dein Experimentepartner nennt dir nach und nach Wörter, die du dir merken sollst. Wiederhole dann nach jedem neuen Wort alle bisher genannten, während du mit deinem Partner zügig Ballwerfen spielst. „Haus, Ball, Hund, Brennessel, Käse…“ Je mehr Begriffe du dir merken musst, umso mehr musst du dich darauf konzentrieren.

Ist das für dich einfach? Dann baue weitere Elemente ein. Je mehr du gleichzeitig machen musst, umso schwieriger wird es, sich dabei die Begriffe zu merken. Gehe vielleicht beim Werfen noch um einen Stuhl herum oder klatsche nach jedem Wurf dreimal in die Hände. Ganz schön viel auf einmal, nicht wahr?

Merkst du nun, wie schwierig es ist, alles gleichzeitig zu machen? Hast du weitere Ideen, was du machen könntest?

Warum ist das so schwer?

Merken, Kombinieren, Planen und Handeln fordern vom Gehirn Höchstleistungen. Deshalb ist es nicht so einfach, mehrere Dinge gleichzeitig zu machen.

Abschlussgeschichte

MS ist eine Krankheit mit vielen Gesichtern

Emma weiß jetzt, was Multiple Sklerose oder MS ist und wie es sich anfühlt, wenn man MS hat. Sie versteht nun, dass Mama nicht immer alles machen kann, was sie vielleicht machen möchte.

Seit einigen Wochen kennt sie jetzt Paul und Lisa. Pauls Mama und Lisas Papa haben auch MS. Sie unterhalten sich manchmal darüber, wie es ist, wenn Mama oder Papa krank ist und was dann so alles passiert. Dadurch wissen sie, dass MS immer ganz unterschiedlich ist. MS wird von vielen auch die Krankheit mit den 1000 Gesichtern genannt, weil sie bei jedem, der die Krankheit hat, anders ist.

Emmas Mama geht es im Moment ganz gut. Sie kann wieder gut gehen und man merkt eigentlich gar nicht, dass sie krank ist. Auch wenn sie noch öfter

müde ist und viele Pausen macht. Sie kann wieder mit Emma spielen und kochen. Vor allem aber lachen sie viel zusammen. Das findet Emma schön.

Pauls Mama kann im Moment nicht gut laufen und bewegt sich ganz langsam. „Mama macht jetzt fleißig Krankengymnastik, damit es ihr bald wieder gut geht.“, sagt Paul. Lisas Papa kann nicht so gut sehen. Manchmal zuckt sein rechtes Auge komisch. Trotzdem geht er zur Arbeit und ist gut gelaunt. Er hat zu Lisa gesagt „Ach, das geht schon wieder weg. Ich brauche nur nach der Arbeit erst etwas Ruhe.“ Die drei neuen Freunde sind froh, dass sie sich jetzt kennen.

MS – die Krankheit mit den 1000 Gesichtern

Prof. Max

Wir haben gelernt: Unser Körper besteht aus einem Netzwerk von Nervenzellen und -fasern, die jede Zelle unseres Körpers mit dem Gehirn verbinden. Darüber laufen alle Befehle, die unseren Körper und unser Handeln steuern.

Als direkte Folge der MS können viele unterschiedliche Krankheitszeichen, auch Symptome genannt, auftreten. Mögliche Symptome bei MS hast du in diesem Buch bereits kennengelernt: Müdigkeit, Sehstörungen, Muskelsteifigkeit, Sensibilitätsstörungen, Sprechstörungen u.a.

Ursache für die Symptome sind die beschädigten Nervenzellen, die Informationen nicht mehr so gut weiterleiten können. Je nachdem, in welchen Bereich des ZNS

(Erklärung auch auf Seite 13) Nervenzellen beschädigt sind, kommt es dabei zu unterschiedlichen Problemen. Aber auch die Symptome selbst können zu anderen Problemen führen. Als Beispiel kann Müdigkeit auch zu Konzentrationsstörungen führen oder Bewegungsstörungen zu Müdigkeit.

Was bei MS passiert, ist nicht vorhersehbar. Es kann sich nur ein einzelnes Symptom zeigen, wie verschwommenes Sehen, das danach wieder komplett verschwindet. Es können aber auch mehrere unterschiedliche Symptome zusammen auftreten, wie Missempfindungen, Müdigkeit und Zittern. Bei manchen ist ein Symptom ganz schlimm, bei anderen fast gar nicht zu erkennen.

Multiple Sklerose verläuft nicht immer gleich. Es gibt Zeiten, da geht es den Menschen mit MS gut und die Krankheit steht still. Dann plötzlich können neue Symptome auftreten oder andere sich weiter verschlechtern. Man spricht dann von einem Schub. Ein Schub kann nur wenige Tage dauern, manchmal aber auch länger.

Die gute Nachricht ist: Nervenzellen können sich wieder reparieren. Außerdem kann unser Körper neue Nervenzellen bilden. Dies hat zur Folge, dass Informationen im Körper wieder

schneller über Nervenzellen weitergeleitet werden oder sich neue Wege suchen. Bestehende Symptome verschwinden dann wieder – ganz oder nur teilweise. Das heißt beispielsweise, man kann wieder „normal“ gehen, vielleicht aber etwas langsamer.

MS ist nicht heilbar. Das heißt, man muss lernen mit MS und den Symptomen zu leben. Inzwischen gibt es aber viele gute Medikamente, die dafür sorgen, dass MS nicht zu großen Schaden anrichtet und man sogar ein (fast) normales Leben führen kann.